Para Águas Mais Profundas

Um devocionário para todas as horas

SAMIA MARSILI

PARA ÁGUAS MAIS PROFUNDAS

Um devocionário para todas as horas

petra

Copyright © 2023 by Samia Marsili

Direitos de edição da obra em língua portuguesa no Brasil adquiridos pela PETRA EDITORIAL LTDA. Todos os direitos reservados. Nenhuma parte desta obra pode ser apropriada e estocada em sistema de banco de dados ou processo similar, em qualquer forma ou meio, seja eletrônico, de fotocópia, gravação etc., sem a permissão do detentor do copirraite.

PETRA EDITORA
Av. Rio Branco, 115 — Salas 1201 a 1205 — Centro — 20040-004
Rio de Janeiro — RJ — Brasil
Tel.: (21) 3882-8200

Imagens de capa e miolo: *Freepik e Pickpik*

DADOS INTERNACIONAIS DE CATALOGAÇÃO NA PUBLICAÇÃO (CIP)	CONHEÇA OUTROS LIVROS DA EDITORA:

M372p   Marsili, Samia
      Para águas mais profundas: um devocionário para todas as horas / Samia Marsili. – 1 ed. – Rio de Janeiro: Petra, 2023.
      13,5 x 20,8 cm
      ISBN: 978-65-88444-96-2
      1. Virtudes e valores. I. Título.
                                    CDD: 220
                                    CDU: 270

André Queiroz — CRB-4/2242

Sumário

Umas palavras da Samia
9

ORAÇÕES VOCAIS
13

Organizando uma vida de oração
15

O que é preciso para rezar bem
26

Os toques religiosos no lar
37

Vida eucarística
40

Nossa vida de fé e a de nossos maridos
50

A vida de fé de nossos filhos
63

Por que ter uma rotina de oração?
76

Sua forma de se vestir também é apostolado
81

Santo Rosário
85

Jaculatórias para usar ao longo do dia
91

Onde há o amor e a caridade, Deus aí está
96

Trechos para meditação diária
97

Você tenta ler a Bíblia?
109

Exame de consciência
122

Confessar-se, confessar-se, confessar-se!
127

Exame de consciência para nossos filhos
128

Sugestões para um plano de vida espiritual
131

Você já ouviu falar em "exame particular"?
139

Umas palavras da Samia

Não importa se é uma mãe que trabalha fora, se fica em casa, se está casada há muito ou pouco tempo. Você certamente já percebeu que há algo que só uma mulher consegue oferecer ao ambiente doméstico: certo toque de ternura, de delicadeza, de atenção aos detalhes... Não é à toa que se diz que a mulher é o coração da casa: é ela quem, com sua personalidade, com seus gostos próprios, com seu trato e seu olhar, transforma uma casa em lar.

Só que esse coração precisa estar no lugar certo. Quanto mais em sintonia com Deus está a mulher — a mãe, a esposa —, mais seu coração palpitará com um amor sacrificado, disposto a doar-se, a encontrar a felicidade em fazer os outros felizes — como o próprio Cristo fez, como sua Mãe, como tantos e tantos santos buscaram fazer. Com Deus, descobrimos o sentido das coisas — das boas e das que parecem más. E, cientes disso, conseguimos viver melhor o matrimônio e a maternidade, ajudando que a graça divina molde também o coração de nossos maridos e filhos.

Este livro em suas mãos nasceu desse meu desejo de que você experimente comigo uma vida de proximidade a Deus, a descoberta de que nas pequenas coisas da rotina abre-se um horizonte amplo, em que Céu e terra se encontram. Trata-se, pois, de um livro que nasceu do meu coração e quer se voltar para o seu. E isso para que, juntos, nossos corações possam agradar o coração d'Aquele que tanto nos ama — um coração de carne como o nosso, que sangrou na Cruz por cada uma de nós.

Nestas páginas, reúno algumas orações e algumas dicas de vida interior que vêm me acompanhando há anos. É tudo muito pessoal. Naturalmente, também não se trata de nada inventado: é fruto do que recebemos de nossa Mãe Igreja, isto é, de nossos irmãos mais velhos na fé. Algumas coisas nós já aprendemos na infância, como aquelas orações vocais tradicionais: Pai-nosso, Ave-Maria, Salve-rainha...; outras talvez lhe sejam desconhecidas ou já tenham caído no esquecimento. O importante, no entanto, é que este livro seja para você um companheiro constante, uma espécie de porto seguro em meio ao mar — por vezes tempestuoso, por vezes calmo — da vida.

"Quem reza se salva, quem não reza se condena", dizia Santo Afonso Maria de Ligório. Rezemos, então, rezemos muito, de tal maneira que nossas vidas de mães e esposas se convertam numa grande oblação — num incenso perfumado que sobe aos Céus e inunda as narinas dos que vivem ao nosso redor.

Sobre este devocionário

Este pequeno auxílio para a vida de piedade foi pensado para andar sempre com você. Nele, procurei fazer um compêndio do que experimento como o que há de mais importante para minha vida de oração. Ao mesmo tempo, quero estar ao seu lado como uma amiga, uma confidente, e esse desejo se traduz em algumas intervenções minhas no meio dos capítulos a seguir. São dicas e conselhos que saíram do meu coração e que desejo que façam parte também do seu.

ORAÇÕES VOCAIS

Organizando uma vida de oração

Deus não age em vidas abstratas, mas na nossa em particular, com suas rotinas, alegrias, tristezas, dificuldades... Por isso, não precisamos sonhar com uma vida de monges para ter uma vida de oração! Nada disso: o chamado à santidade é para todas nós. O Concílio Vaticano II foi muito enfático ao recordar a chamada universal à santidade de todos os homens e mulheres batizados.

Por isso, não deixe seus atos de piedade para um "momento mais propício". Com uma agenda na mão e boa vontade no coração, é possível arrumar horário para nossos momentos de intimidade com Deus. Pense em como é a dinâmica do amor: assim como nos organizamos para estar com nossos esposos — e isso é sinal de carinho e zelo! —, não devemos nos organizar para estar com o Amado?

Isso vale também para a "qualidade" do tempo, é claro. E, nisso, precisamos ter bastante sensibilidade. Podemos rezar o terço enquanto dirigimos ou lavamos a louça, pois é possível contemplar os mistérios ali; mas, enquanto corremos na esteira da academia ou estudamos com nossos filhos, isso já não é mais possível. Podemos rezar algumas orações vocais enquanto nos maquiamos (eu mesma gosto de rezar o Lembrai-vos enquanto passo a maquiagem), mas não enquanto estamos jantando com o marido...

Sinal da Cruz

Em nome do Pai,
e do Filho,
e do Espírito Santo.
Amém.

Pai-nosso

Pai nosso que estais nos Céus,
santificado seja o vosso nome;
venha a nós o vosso reino,
seja feita a vossa vontade
assim na terra como no Céu.
O pão nosso de cada dia nos dai hoje;
perdoai-nos as nossas ofensas
assim como nós perdoamos a quem nos tem ofendido,
e não nos deixeis cair em tentação,
mas livrai-nos do mal.
Amém.

Glória ao Pai

Glória ao Pai, ao Filho e ao
Espírito Santo.
Como era no princípio, agora e sempre.
Amém.

Alma de Cristo

Alma de Cristo, santificai-me.
Corpo de Cristo, salvai-me.
Sangue de Cristo, inebriai-me.
Água do lado de Cristo, lavai-me.
Paixão de Cristo, confortai-me.
Ó bom Jesus, ouvi-me.
Dentro das vossas chagas, escondei-me.
Não permitais que eu me separe de Vós.
Do inimigo maligno, defendei-me.
Na hora da minha morte, chamai-me.
Mandai-me ir para Vós,
para que vos louve com os vossos Santos
pelos séculos dos séculos.
Amém.

Vinde, Espírito Santo

Vinde, Espírito Santo,
enchei os corações dos vossos fiéis
e acendei neles o fogo do vosso amor.
V. Enviai o vosso Espírito e serão criados.
R. E renovareis a face da terra.

Oremos. Ó Deus, que instruístes os corações dos fiéis com a luz do Espírito Santo, concedei-nos amar, no mesmo Espírito, o que é reto e gozar sempre a sua consolação. Por Jesus Cristo, Nosso Senhor. Amém.

Vinde, Espírito Criador

Vinde, Espírito Criador,
visitai a alma dos vossos fiéis;
enchei de graça celestial
os corações que Vós criastes.

Vós, chamado o Consolador,
dom do Deus altíssimo,
fonte viva, fogo, caridade
e unção espiritual.

Vós, com vossos sete dons,
sois força da destra de Deus,
Vós, o prometido pelo Pai;
a vossa palavra enriquece nossos lábios.

Acendei a vossa luz em nossas almas,
infundi vosso amor em nossos peitos;
e a fraqueza da nossa carne,
fortalecei-a com redobrada força.

O inimigo, afugentai-o bem para longe;
dai-nos a paz quanto antes;

abrindo-nos caminho como guia,
venceremos todos os perigos.

Que por Vós conheçamos o Pai,
conheçamos igualmente o Filho,
e em Vós, Espírito de ambos,
creiamos todo o tempo.

V. Enviai o vosso Espírito e tudo
será criado.
R. E renovareis a face da terra.

Oremos. Ó Deus, que iluminastes os
corações dos vossos fiéis com a luz do
Espírito Santo, fazei-nos dóceis ao vosso
Espírito para que saboreemos sempre o
bem e gozemos de suas consolações. Por
Jesus Cristo Senhor Nosso. Amém.

Vinde, Santo Espírito

Vinde, Santo Espírito,
e do Céu mandai
luminoso raio.
Vinde, pai dos pobres,
doador dos dons,
luz dos corações.
Grande defensor,
em nós habitais
e nos confortais.
Na fadiga, pouso,
no ardor, brandura
e na dor, ternura.
Ó luz venturosa,
que vossos clarões
encham os corações.
Sem vosso poder
em qualquer vivente
nada há de inocente.
Lavai o impuro
e regai o seco,
curai o enfermo.
Dobrai a dureza,
aquecei o frio,

livrai do desvio.
Aos vossos fiéis
que oram com vibrantes sons,
dai os sete dons.
Dai virtude e prêmio,
e, no fim dos dias,
eterna alegria.
Amém.

Oração de São Josemaria Escrivá ao Paráclito

Vinde, ó Espírito Santo! Iluminai o meu entendimento para que conheça os vossos preceitos; fortalecei o meu coração contra as insídias do inimigo, inflamai a minha vontade...
Ouvi a vossa voz e não quero endurecer-me e resistir, dizendo: depois..., amanhã. *Nunc cœpi!* Agora!, não suceda que o amanhã me venha a faltar.
Ó Espírito de verdade e de sabedoria, Espírito de entendimento e de conselho, Espírito de gozo e de paz! Quero o que quiserdes, quero porque o quereis, quero como quiserdes, quero quando quiserdes...

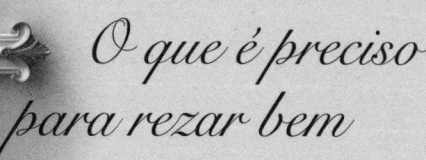

O que é preciso para rezar bem

A oração é um dom, e por isso precisamos pedi-la a Deus. Da nossa parte, Deus quer que desejemos ser almas de oração e que lutemos constantemente para levar esse desejo a cabo. É bonito pensar nisto: que Deus gosta mais de ver nosso esforço do que o resultado!

O exercício de algumas virtudes pode nos ajudar a rezar melhor também. A ordem, por exemplo, é importantíssima: definir o melhor horário, estabelecer um tema com antecedência, pensar no local mais conveniente (se possível, diante do Sacrário), afastar telefones e outros itens que nos distraiam... Precisamos ser fortes, também, para ter constância (só crescemos em piedade à medida que vamos crescendo em vida interior) e para controlar a imaginação, de modo que não fiquemos pensando na morte da bezerra enquanto temos horário marcado para a oração. Também temos de silenciar o coração, ter humildade para ouvir e não apenas ficar falando sem parar...

Nunca se esqueça, porém: rezar é ter um diálogo íntimo com Deus, de "tu a Tu". Sobre o quê? Sobre tudo: nossa vida, nossas preocupações, nossas necessidades, nosso desejo de crescer em santidade, nossas tristezas e alegrias... Um dia após o outro, sempre.

Ave-Maria

Ave, Maria, cheia de graça,
o Senhor é convosco,
bendita sois Vós entre as mulheres
e bendito é o fruto do vosso ventre, Jesus.
Santa Maria, Mãe de Deus,
rogai por nós, pecadores,
agora e na hora da nossa morte.
Amém.

Salve-rainha

Salve, Rainha, Mãe de misericórdia,
vida, doçura, esperança nossa, salve!
A Vós bradamos, os degredados filhos
de Eva.
A Vós suspiramos, gemendo e chorando
neste vale de lágrimas.
Eia, pois, advogada nossa,
esses vossos olhos misericordiosos a
nós volvei,
e depois deste desterro mostrai-nos
Jesus,
bendito fruto do vosso ventre.
Ó clemente, ó piedosa, ó doce sempre
Virgem Maria.
Rogai por nós, Santa Mãe de Deus.
Para que sejamos dignos das promessas
de Cristo.

À vossa proteção

À vossa proteção recorremos, Santa Mãe de Deus. Não desprezeis as nossas súplicas em nossas necessidades, mas livrai-nos sempre de todos os perigos, ó virgem gloriosa e bendita. Amém.

Magnificat

Minha alma glorifica ao Senhor, meu espírito exulta de alegria em Deus, meu Salvador, porque olhou para sua pobre serva. Por isto, desde agora, me proclamarão bem-aventurada todas as gerações, porque realizou em mim maravilhas aquele que é poderoso e cujo nome é Santo. Sua misericórdia se estende, de geração em geração, sobre os que o temem. Manifestou o poder do seu braço: desconcertou os corações dos soberbos. Derrubou do trono os poderosos e exaltou os humildes. Saciou de bens os indigentes e despediu de mãos vazias os ricos. Acolheu a Israel, seu servo, lembrado da sua misericórdia, conforme prometera a nossos pais, em favor de Abraão e sua posteridade, para sempre.

Ângelus

TODOS OS DIAS, ÀS 6H, ÀS 12H E/OU ÀS 18H.

V. O Anjo do Senhor anunciou a Maria.
R. E Ela concebeu do Espírito Santo.

Ave, Maria, cheia de graça, o Senhor é convosco, bendita sois Vós entre as mulheres e bendito é o fruto do vosso ventre, Jesus. Santa Maria, Mãe de Deus, rogai por nós, pecadores, agora e na hora da nossa morte. Amém.

V. Eis aqui a escrava do Senhor.
R. Faça-se em mim segundo a vossa palavra.

Ave, Maria, cheia de graça, o Senhor é convosco, bendita sois Vós entre as mulheres e bendito é o fruto do vosso ventre, Jesus. Santa Maria, Mãe de Deus, rogai por nós, pecadores, agora e na hora da nossa morte. Amém.

V. E o Verbo se fez carne.
R. E habitou entre nós.

Ave, Maria, cheia de graça, o Senhor é convosco, bendita sois Vós entre as mulheres

*e bendito é o fruto do vosso ventre, Jesus.
Santa Maria, Mãe de Deus, rogai por nós,
pecadores, agora e na hora da nossa morte.
Amém.*
V. Rogai por nós, Santa Mãe de Deus.
R. Para que sejamos dignos das promessas de Cristo.

Oremos. Infundi, Senhor, nós vos pedimos, em nossas almas a vossa graça, para que nós, que conhecemos pela Anunciação do Anjo a Encarnação de Jesus Cristo, vosso Filho, cheguemos por sua Paixão e sua Cruz à glória da Ressurreição. Pelo mesmo Jesus Cristo, Senhor Nosso. Amém.

Regina Caeli

SUBSTITUI O *ÂNGELUS* NO TEMPO DA PÁSCOA.

V. Rainha do Céu, alegrai-vos, aleluia.
R. Porque quem merecestes trazer em vosso seio, aleluia.
V. Ressuscitou como disse, aleluia.
R. Rogai a Deus por nós, aleluia.
V. Exultai e alegrai-vos, ó Virgem Maria, aleluia.
R. Porque o Senhor ressuscitou verdadeiramente, aleluia.

Oremos. Ó Deus, que vos dignastes alegrar o mundo com a Ressurreição do vosso Filho Jesus Cristo, Senhor Nosso, concedei-nos, vos suplicamos, que por sua Mãe, a Virgem Maria, alcancemos as alegrias da vida eterna. Por Cristo, Senhor Nosso. Amém.

Credo dos apóstolos

Creio em Deus, Pai todo-poderoso,
criador do Céu e da terra.
E em Jesus Cristo, seu único Filho,
nosso Senhor,
que foi concebido pelo poder do
Espírito Santo;
nasceu da Virgem Maria;
padeceu sob Pôncio Pilatos,
foi crucificado, morto e sepultado.
Desceu à mansão dos mortos;
ressuscitou ao terceiro dia;
subiu aos Céus;
está sentado à direita de Deus, Pai todo-
-poderoso,
donde há de vir a julgar os vivos e
os mortos.
Creio no Espírito Santo;
na Santa Igreja Católica;
na comunhão dos santos;
na remissão dos pecados;
na ressurreição da carne;
na vida eterna.
Amém.

Credo niceno-constantinopolitano

Creio em um só Deus,
Pai todo-poderoso,
Criador do Céu e da terra,
de todas as coisas visíveis e invisíveis.
Creio em um só Senhor, Jesus Cristo,
Filho Unigênito de Deus,
nascido do Pai antes de todos os séculos:
Deus de Deus, luz da luz,
Deus verdadeiro de Deus verdadeiro,
gerado, não criado,
consubstancial ao Pai.
Por Ele todas as coisas foram feitas.
E, por nós, homens,
e para a nossa salvação,
desceu dos céus:
e encarnou pelo Espírito Santo
no seio da Virgem Maria,
e se fez homem.
Também por nós foi crucificado sob
Pôncio Pilatos;
padeceu e foi sepultado.
Ressuscitou ao terceiro dia,
conforme as Escrituras,

e subiu aos Céus,
onde está sentado à direita do Pai.
E de novo há de vir, em sua glória,
para julgar os vivos e os mortos;
e o seu reino não terá fim.
Creio no Espírito Santo,
Senhor que dá a vida,
e procede do Pai e do Filho;
e com o Pai e o Filho
é adorado e glorificado:
Ele que falou pelos profetas.
Creio na Igreja una, santa, católica
e apostólica.
Professo um só batismo
para remissão dos pecados.
Espero a ressurreição dos mortos
e a vida do mundo que há de vir.
Amém.

Os toques religiosos no lar

Nosso lar é a Igreja doméstica, mas isso não significa que deve parecer um templo. Ao usar imagens e itens religiosos, pense em como podem contribuir para a harmonia estética da casa e em como podem atrair o olhar sempre que passamos por eles, inspirando em nós carinho pelas coisas do alto. Essa, inclusive, é uma excelente forma de conservar a presença de Deus durante o dia: tendo pequenos "lembretes" do Céu pela casa, nos quais podemos pousar os olhos e dizer pequenas jaculatórias amorosas.

Te Deum

Nós vos louvamos, ó Deus,
nós vos bendizemos, Senhor.
Toda a terra vos adora,
Pai eterno e omnipotente.
Os anjos, os Céus
e todas as potestades,
os querubins e os serafins
vos aclamam sem cessar:
Santo, Santo, Santo,
Senhor Deus do Universo,
o Céu e a terra proclamam a vossa glória.
O coro glorioso dos Apóstolos,
a falange venerável dos Profetas,
o exército resplandecente dos Mártires
cantam os vossos louvores.
A santa Igreja anuncia por toda a terra
a glória do vosso nome:
Deus de infinita majestade,
Pai, Filho e Espírito Santo.
Senhor Jesus Cristo, Rei da glória,
Filho do Eterno Pai,
para salvar o homem, tomastes a
condição humana no seio da Virgem Maria.

Vós despedaçastes as cadeias da morte
e abristes as portas do Céu.
Vós estais sentado à direita de Deus,
na glória do Pai,
e de novo haveis de vir para julgar
os vivos e os mortos.
Socorrei os vossos servos, Senhor,
que remistes com vosso Sangue precioso;
e recebei-os na luz da glória,
na assembleia dos vossos Santos.
Salvai o vosso povo, Senhor,
e abençoai a vossa herança;
sede o seu pastor e guia através dos tempos
e conduzi-o às fontes da vida eterna.
Nós vos bendiremos todos os dias da
nossa vida
e louvaremos para sempre o vosso nome.
Dignai-vos, Senhor, neste dia, livrar-nos
do pecado.
Tende piedade de nós,
Senhor, tende piedade de nós.
Desça sobre nós a vossa misericórdia,
Porque em Vós esperamos.
Em Vós espero, meu Deus,
não serei confundido eternamente.

Vida eucarística

Quem me acompanha sabe que tenho a Eucaristia como centro da minha vida de piedade. O próprio Jesus que morreu na Cruz por nós se conserva sob as aparências do Pão. Ele está conosco como prometeu: até o fim dos tempos. E está num sacrário próximo, sozinho, à nossa espera. Trata-se do mesmo Cristo que percorreu as ruas da Galileia, da Judeia... Ali pertinho de nós!

❧ Que tristeza é passar pelas igrejas em nossos caminhos sem prestar uma visita ao Senhor Sacramentado ou, ao menos, sem levar o coração até Ele no Tabernáculo...

❧ Que tristeza passar um dia inteiro sem dizer a Ele, do fundo do coração, o quanto queremos recebê-lo bem, do mesmo modo como Maria o recebeu em seu ventre!

❧ E, uma vez que crescemos em amor à Sagrada Eucaristia, passamos também a querer comungar melhor, a preparar com mais zelo a morada que Cristo quer fazer em nós quando consumimos seu Corpo e seu Sangue. Passamos a silenciar o coração e a aproveitar cada segundo que passamos com Jesus em nós. E passamos a querer fazer muitos atos de desagravo por aquelas pessoas que comungam indignamente, em pecado mortal ou sem consciência do que estão fazendo! "Todo aquele que comer o pão ou beber o cálice do Senhor indignamente", ensinou-nos São Paulo, "será culpável do corpo e do sangue do Senhor. Que cada um examine a si mesmo e, assim, coma desse pão e beba desse cálice. Aquele que o come e o bebe sem distinguir o corpo do Senhor, come e bebe a sua própria condenação".

🙢 Cristo, que eu vos ame cada vez mais na Sagrada Eucaristia!

Visita ao Santíssimo Sacramento

V. Graças e louvores sejam dados a todo momento.
R. Ao santíssimo e diviníssimo Sacramento.
Pai-nosso, Ave-Maria e Glória ao Pai.

V. Graças e louvores sejam dados a todo momento.
R. Ao santíssimo e diviníssimo Sacramento.
Pai-nosso, Ave-Maria e Glória ao Pai.

V. Graças e louvores sejam dados a todo momento.
R. Ao santíssimo e diviníssimo Sacramento.
Pai-nosso, Ave-Maria e Glória ao Pai.

V. Graças e louvores sejam dados a todo momento.
R. Ao santíssimo e diviníssimo Sacramento.

Comunhão espiritual
Eu quisera, Senhor, receber-vos com aquela pureza, humildade e devoção com que vos recebeu a vossa Santíssima Mãe, com o espírito e o fervor dos santos.

Ato de louvor diante do Santíssimo Sacramento

Bendito seja Deus,
bendito seja seu santo nome.
bendito seja Jesus Cristo,
verdadeiro Deus e verdadeiro homem.
Bendito seja o nome de Jesus.
Bendito seja o seu sacratíssimo Coração.
Bendito seja seu preciosíssimo Sangue.
Bendito seja Jesus Cristo no Santíssimo Sacramento do Altar.
Bendito seja o Espírito Santo, Paráclito.
Bendita seja a grande Mãe de Deus, Maria Santíssima.
Bendita seja a sua gloriosa assunção.
Bendita seja a sua santa e Imaculada Conceição.
Bendito seja o nome de Maria, Virgem e Mãe.
Bendito seja São José, seu castíssimo esposo.
Bendito seja Deus nos seus anjos e nos seus santos.

Deus e Senhor nosso, protegei a vossa Igreja, dai-lhe santos pastores e dignos ministros. Derramai as vossas bênçãos sobre o nosso Santo Padre, o papa, sobre o nosso bispo, sobre o nosso pároco e todo o clero, sobre o chefe da nação e do Estado e sobre todas as pessoas constituídas em dignidade para que governem com justiça.

Adoro te devote

Adoro-vos com devoção, Deus escondido,
que sob estas aparências estais presente.
A Vós se submete meu coração por inteiro,
e ao contemplar-vos se rende totalmente.

A vista, o tato, o gosto sobre Vós se enganam,
mas basta o ouvido para crer com firmeza.
Creio em tudo o que disse o Filho de Deus;
nada mais verdadeiro que esta palavra de verdade.

Na Cruz estava oculta a divindade,
mas aqui se esconde também a humanidade;
creio, porém, e confesso uma e outra,
e peço o que pediu o ladrão arrependido.

Não as chagas, como Tomé as viu,
mas confesso que sois o meu Deus.
Fazei que eu creia mais e mais em Vós,
que em Vós espere, que vos ame.

Ó memorial da morte do Senhor!
Ó Pão vivo que dais a vida ao homem!
Que a minha alma sempre de Vós viva,
que sempre lhe seja doce o vosso sabor.

Bom pelicano, Senhor Jesus!
Limpai-me a mim, imundo, com o vosso
Sangue,
Sangue do qual uma só gota
pode salvar o mundo inteiro.

Jesus, a quem agora contemplo
escondido,
rogo-vos se cumpra o que tanto desejo:
que, ao contemplar-vos face a face,
seja eu feliz vendo a vossa glória.
Amém.

Pange lingua

Celebremos o mistério
da divina Eucaristia,
Corpo e Sangue de Jesus: o mistério do
Deus vivo,
tão real no seu altar
como outrora sobre a Cruz.

Veneremos, adoremos
a presença do Senhor,
nossa Luz e Pão da Vida.
Cante a alma o seu louvor.
Adoremos no sacrário
Deus oculto por amor.

Demos glória ao Pai do Céu,
Infinita Majestade,
glória ao Filho e ao Espírito Santo.
Em espírito e verdade,
veneremos, adoremos
a Santíssima Trindade.

Oração do Anjo em Fátima

Santíssima Trindade,
Pai, Filho e Espírito Santo,
adoro-vos profundamente
e ofereço-vos o preciosíssimo Corpo,
Sangue, Alma e Divindade de Jesus Cristo,
presente em todos os sacrários da terra,
em reparação dos ultrajes, sacrilégios e indiferenças
com que Ele mesmo é ofendido.
E pelos méritos infinitos do seu
Santíssimo Coração
e do Coração Imaculado de Maria,
peço-vos a conversão dos pobres pecadores.

Nossa vida de fé e a de nossos maridos

Muitas vezes, tendemos a querer mudar o jeito de ser de nosso marido. E, quando queremos que essa mudança seja para uma vida maior de oração, para que ele respeite a fé e siga seus preceitos, estamos certas de que nossa intenção é boa. E é verdade: nossa primeira obrigação é querer nosso cônjuge perto de Deus!

🌿 No entanto, no casamento, o carinho e o romance fazem mais do que qualquer tratado teológico. Por mais difícil que isso pareça em meio aos afazeres da vida, dedicar-se ao marido, atentar-se para seus êxitos, consolá-lo no fracasso, arrumar-se para ele, respeitar suas decisões, dedicar-lhe atos de carinho, interessar-se pelos seus projetos, entre outras daquelas manifestações de afeto que muitas vezes esquecemos, o tornará mais atento àquilo que estimamos mais, inclusive a relação com Deus. Ele perceberá que sua alegria tem uma origem sobrenatural. Oração e carinho: essa receita é infalível para os casamentos!

🌿 Você também não pode esquecer que Deus é o melhor dos mediadores de conflito. Recorrer a Ele para que ilumine a cabeça e o coração de quem amamos é mais eficaz do que bater de frente e se dedicar a murmurações — sempre. Ah, sim: não se esqueça de pedir que Deus ilumine também a sua mente, já que muitas vezes a culpa pode ser nossa, não é mesmo?

Oração do Papa Francisco à Sagrada Família

Jesus, Maria e José,
em Vós contemplamos
o esplendor do verdadeiro amor,
confiantes, a Vós nos consagramos.
Sagrada Família de Nazaré,
tornai também as nossas famílias
lugares de comunhão e cenáculos
de oração,
autênticas escolas do Evangelho
e pequenas igrejas domésticas.
Sagrada Família de Nazaré,
que nunca mais haja nas famílias
episódios de violência, de fechamento
e divisão;
e quem tiver sido ferido ou
escandalizado
seja rapidamente consolado e curado.
Sagrada Família de Nazaré,
fazei que todos nos tornemos
conscientes
do carácter sagrado e inviolável
da família,

da sua beleza no projeto de Deus.
Jesus, Maria e José,
ouvi-nos e acolhei a nossa súplica.
Amém.

Benedictus

Bendito o Senhor Deus de Israel
que visitou e redimiu o seu povo,
e nos deu um Salvador poderoso
na casa de Davi, seu servo,
conforme prometeu pela boca
dos seus santos,
os profetas dos tempos antigos,
para nos libertar dos nossos inimigos,
e das mãos daqueles que nos odeiam.
Para mostrar a sua misericórdia a favor
dos nossos pais,
recordando a sua sagrada aliança,
e o juramento que fizera a Abraão,
nosso pai,
que nos havia de conceder esta graça:
de o servirmos um dia, sem temor,
livres das mãos dos nossos inimigos,
em santidade e justiça, na sua presença,
todos os dias da nossa vida.
E tu, menino, serás chamado profeta
do Altíssimo,
porque irás à sua frente a preparar os
seus caminhos,

para dar a conhecer ao seu povo
a salvação
pela remissão dos seus pecados,
graças ao coração misericordioso
do nosso Deus,
que das alturas nos visita
como sol nascente,
para iluminar os que jazem nas trevas
e na sombra da morte
e dirigir os nossos passos no caminho
da paz.

Glória ao Pai e ao Filho
e ao Espírito Santo.
Como era no princípio,
agora e sempre.
Amém.

Santo Anjo do Senhor

Santo Anjo do Senhor, meu zeloso guardador,
se a ti me confiou a piedade divina,
sempre me rege, me guarda,
me governa e me ilumina.
Amém.

Oferecimento matinal de obras

Ofereço-vos, ó meu Deus, em união com o Santíssimo Coração de Jesus, e por meio do Imaculado Coração de Maria, as orações, os trabalhos, as alegrias e os sofrimentos deste dia, em reparação de todas as ofensas e por todas as intenções pelas quais o mesmo Divino Coração está continuamente intercedendo e sacrificando-se nos nossos altares. Eu vo-las ofereço de modo particular pelas intenções do Apostolado da Oração neste mês e neste dia.

Ou ainda:

Todos os meus pensamentos, todas as minhas palavras e as obras todas deste dia, ofereço-as a ti, Senhor, e a minha vida inteira por amor.

Oferecimento matinal de obras com as crianças

Bom dia, Jesus! Bom dia, Maria!
Eu venho, Senhor, pedir neste dia
para crescer muito e muito aprender,
para ser amigo e obedecer.
À Virgem Maria eu peço também:
não ser egoísta e portar-me bem.
Ao meu santo anjo também vou rezar,
para que me guarde no meu caminhar.
Todos os meus pensamentos, todas as
minhas palavras
e as obras todas deste dia,
ofereço-as a ti, Senhor,
e a minha vida inteira por amor.

Para antes das refeições

Abençoai-nos, Senhor, a nós e a estes dons que da vossa liberalidade recebemos. Por Cristo, Senhor Nosso. Amém.

No almoço: Que o Rei da eterna glória nos faça participantes da mesa celestial. Amém.
No jantar: Que o Rei da eterna glória nos conduza à Ceia da vida eterna. Amém.

Para depois das refeições

Nós vos damos graças, Senhor, pelos vossos benefícios, a Vós que viveis e reinais pelos séculos dos séculos. Amém.

V. Deus nos dê a sua paz.
R. E a vida eterna.
Amém.

Para antes dos estudos, de São Tomás de Aquino

Criador inefável, que, no meio dos tesouros da vossa Sabedoria, elegestes três hierarquias de anjos e as dispusestes numa ordem admirável acima dos Céus, que dispusestes com tanta beleza as partes do universo, Vós, a quem chamamos a verdadeira Fonte de Luz e de Sabedoria, e o Princípio supereminente, dignai-vos derramar sobre as trevas da minha inteligência um raio de vossa clareza. Afastai para longe de mim a dupla obscuridade na qual nasci: o pecado e a ignorância.

Vós, que tornais eloquente a língua das criancinhas, modelai a minha palavra e derramai nos meus lábios a graça de vossa bênção.

Dai-me a penetração da inteligência, a faculdade de lembrar-me, o método e a facilidade do estudo, a profundidade na interpretação e uma graça abundante de expressão.

Fortificai o meu estudo, dirigi o seu curso, aperfeiçoai o seu fim, Vós que sois verdadeiro Deus e verdadeiro homem, e que viveis nos séculos dos séculos. Amém.

Para antes de dormir

Iluminai, Senhor, esta noite e fazei-nos dormir tranquilamente, para que em vosso nome nos levantemos alegres ao clarear do novo dia. Por Cristo Nosso Senhor. Amém.

O Senhor todo-poderoso nos conceda uma noite tranquila e, no fim da vida, uma morte santa.

A vida de fé de nossos filhos

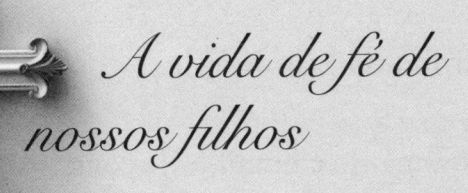

É comum a tentação de querermos obrigar os filhos a mil e uma demonstrações de piedade... No entanto, assim o tiro pode muito bem sair pela culatra, fazendo com que, aos olhos deles, o relacionamento com Deus seja algo artificial, a ser ostentado. E essa era precisamente a censura que Jesus fazia aos fariseus.

❧ O que fazer com as crianças no âmbito da vida de piedade, então?

❧ Antes de tudo, amar a liberdade que Deus lhes concedeu. Nossos filhos devem ser conquistados pela beleza da fé, da verdade, do bem. Mais eficaz do que obrigações, é preciso que eles estejam envolvidos com naturalidade nos momentos de devoção da família. Vai rezar o Rosário com o marido? Deixe as crianças na sala, manejando o terço com liberdade. Chegou o momento de ir à Santa Missa? Que percebam o quão importante é isso para você. Que vejam a mãe rezando, sua atenção e carinho com as coisas divinas...

❧ Assim, aos poucos, aproveitando a própria vida diária, você poderá lhes ensinar pequenas orações, rudimentos de doutrina, padrões de conduta... Acredite: à medida que o tempo passa, muito pode ser ensinado aos nossos filhos em matéria de fé, moral e costumes. Para isso, porém, é preciso que você esteja bem formada. Não descuide de sua formação!

Ladainha da humildade

Ó Jesus, manso e humilde de coração,
ouvi-me.
Do desejo de ser estimado, livrai-me,
ó Jesus.
Do desejo de ser amado, livrai-me,
ó Jesus.
Do desejo de ser conhecido, livrai-me,
ó Jesus.
Do desejo de ser honrado, livrai-me,
ó Jesus.
Do desejo de ser louvado, livrai-me,
ó Jesus.
Do desejo de ser preferido, livrai-me,
ó Jesus.
Do desejo de ser consultado, livrai-me,
ó Jesus.
Do desejo de ser aprovado, livrai-me,
ó Jesus.
Do receio de ser humilhado, livrai-me,
ó Jesus.
Do receio de ser desprezado, livrai-me,
ó Jesus.

Do receio de sofrer repulsas, livrai-me,
ó Jesus.
Do receio de ser caluniado, livrai-me,
ó Jesus.
Do receio de ser esquecido, livrai-me,
ó Jesus.
Do receio de ser ridicularizado, livrai-
-me, ó Jesus.
Do receio de ser difamado, livrai-me,
ó Jesus.
Do receio de ser objeto de suspeita,
livrai-me, ó Jesus.
Que os outros sejam amados mais do que
eu, Jesus, dai-me a graça de desejá-lo.
Que os outros sejam estimados mais do
que eu, Jesus, dai-me a graça de desejá-lo.
Que os outros possam elevar-se na
opinião do mundo, e que eu possa ser
diminuído, Jesus, dai-me a graça de
desejá-lo.
Que os outros possam ser escolhidos e eu
posto de lado, Jesus, dai-me a graça de
desejá-lo.

Que os outros possam ser louvados e eu desprezado, Jesus, dai-me a graça de desejá-lo.

Que os outros possam ser preferidos a mim em todas as coisas, Jesus, dai-me a graça de desejá-lo.

Que os outros possam ser mais santos do que eu, embora me torne o mais santo quanto me for possível, Jesus, dai-me a graça de desejá-lo.

Ladainha do Preciosíssimo Sangue de Jesus

Jesus Cristo, ouvi-nos.
Jesus Cristo, atendei-nos.
Pai Celeste, que sois Deus, tende piedade de nós.
Filho Redentor do mundo, que sois Deus, tende piedade de nós.
Espírito Santo, que sois Deus, tende piedade de nós.
Santíssima Trindade, que sois um só Deus, tende piedade de nós.
Sangue de Cristo, Sangue do Filho Unigênito do Eterno Pai, salvai-nos.
Sangue de Cristo, Sangue do Verbo de Deus encarnado, salvai-nos.
Sangue de Cristo, Sangue do Novo e Eterno Testamento, salvai-nos.
Sangue de Cristo, correndo pela terra na agonia, salvai-nos.
Sangue de Cristo, manando abundante na flagelação, salvai-nos.
Sangue de Cristo, gotejando na coroação de espinhos, salvai-nos.

Sangue de Cristo, derramado na Cruz, salvai-nos.

Sangue de Cristo, preço da nossa salvação, salvai-nos.

Sangue de Cristo, sem o qual não pode haver redenção, salvai-nos.

Sangue de Cristo, que apagais a sede das almas e as purificais na Eucaristia, salvai-nos.

Sangue de Cristo, torrente de misericórdia, salvai-nos.

Sangue de Cristo, vencedor dos demônios, salvai-nos.

Sangue de Cristo, fortaleza dos mártires, salvai-nos.

Sangue de Cristo, virtude dos confessores, salvai-nos.

Sangue de Cristo, que suscitais almas virgens, salvai-nos.

Sangue de Cristo, força dos tentados, salvai-nos.

Sangue de Cristo, alívio dos que trabalham, salvai-nos.

Sangue de Cristo, consolação dos que choram, salvai-nos.

Sangue de Cristo, esperança dos penitentes, salvai-nos.
Sangue de Cristo, conforto dos moribundos, salvai-nos.
Sangue de Cristo, paz e doçura dos corações, salvai-nos.
Sangue de Cristo, penhor de eterna vida, salvai-nos.
Sangue de Cristo, que libertais as almas do Purgatório, salvai-nos.
Sangue de Cristo, digno de toda a honra e glória, salvai-nos.

Cordeiro de Deus, que tirais os pecados do mundo, perdoai-nos, Senhor.
Cordeiro de Deus, que tirais os pecados do mundo, ouvi-nos, Senhor.
Cordeiro de Deus, que tirais os pecados do mundo, tende piedade de nós, Senhor.

V. Remistes-nos, Senhor, com o vosso Sangue.
R. E fizestes de nós um reino para o nosso Deus.

Oremos. Todo-Poderoso e Eterno Deus, que constituístes o vosso Unigênito Filho, Redentor do mundo, e quisestes ser aplacado com o seu Sangue, concedei-nos a graça de venerar o preço da nossa salvação e de encontrar, na virtude que Ele contém, defesa contra os males da vida presente, de tal modo que eternamente gozemos dos seus frutos no Céu. Pelo mesmo Cristo, Senhor Nosso. Assim seja.

Ladainha de Loreto

Senhor, tende piedade de nós.
Cristo, tende piedade de nós.
Senhor, tende piedade de nós.
Cristo, ouvi-nos.
Cristo, atendei-nos.
Deus Pai do Céu, tende piedade de nós.
Deus Filho Redentor do mundo, tende piedade de nós.
Deus Espírito Santo, tende piedade de nós.
Santíssima Trindade, que sois um só Deus, tende piedade de nós.
Santa Maria, rogai por nós.
Santa Mãe de Deus, rogai por nós.
Santa Virgem das virgens, rogai por nós.
Mãe de Cristo, rogai por nós.
Mãe da Igreja, rogai por nós.
Mãe de misericórdia, rogai por nós.
Mãe da divina graça, rogai por nós.
Mãe da esperança, rogai por nós.
Mãe puríssima, rogai por nós.
Mãe castíssima, rogai por nós.
Mãe sempre virgem, rogai por nós.

Mãe imaculada, rogai por nós.
Mãe digna de amor, rogai por nós.
Mãe admirável, rogai por nós.
Mãe do bom conselho, rogai por nós.
Mãe do Criador, rogai por nós.
Mãe do Salvador, rogai por nós.
Virgem prudentíssima, rogai por nós.
Virgem venerável, rogai por nós.
Virgem louvável, rogai por nós.
Virgem poderosa, rogai por nós.
Virgem clemente, rogai por nós.
Virgem fiel, rogai por nós.
Espelho de perfeição, rogai por nós.
Sede da Sabedoria, rogai por nós.
Fonte de nossa alegria, rogai por nós.
Vaso espiritual, rogai por nós.
Tabernáculo da eterna glória, rogai por nós.
Moradia consagrada a Deus, rogai por nós.
Rosa mística, rogai por nós.
Torre de Davi, rogai por nós.
Torre de marfim, rogai por nós.
Casa de ouro, rogai por nós.
Arca da aliança, rogai por nós.

Porta do Céu, rogai por nós.
Estrela da manhã, rogai por nós.
Saúde dos enfermos, rogai por nós.
Refúgio dos pecadores, rogai por nós.
Socorro dos migrantes, rogai por nós.
Consoladora dos aflitos, rogai por nós.
Auxílio dos cristãos, rogai por nós.
Rainha dos Anjos, rogai por nós.
Rainha dos Patriarcas, rogai por nós.
Rainha dos Profetas, rogai por nós.
Rainha dos Apóstolos, rogai por nós.
Rainha dos Mártires, rogai por nós.
Rainha dos confessores da fé, rogai
por nós.
Rainha das Virgens, rogai por nós.
Rainha de todos os Santos, rogai por
nós.
Rainha concebida sem pecado original,
rogai por nós.
Rainha assunta ao Céu, rogai por nós.
Rainha do santo Rosário, rogai por nós.
Rainha da paz, rogai por nós.
Cordeiro de Deus, que tirais os pecados
do mundo, perdoai-nos, Senhor.
Cordeiro de Deus, que tirais os pecados

do mundo, ouvi-nos, Senhor.
Cordeiro de Deus, que tirais os pecados do mundo, tende piedade de nós.

V. Rogai por nós, Santa Mãe de Deus.
R. Para que sejamos dignos das promessas de Cristo.

Oração a São Miguel Arcanjo

São Miguel Arcanjo, defendei-nos
no combate.
Sede o nosso refúgio contra as maldades
e ciladas do demônio.
Que Deus manifeste o seu poder sobre
ele. Eis a nossa humilde súplica.
E Vós, Príncipe da Milícia Celeste, com
o poder que Deus vos conferiu,
precipitai no inferno Satanás e os outros
espíritos malignos,
que andam pelo mundo tentando as
almas. Amém.

Por que ter uma rotina de oração?

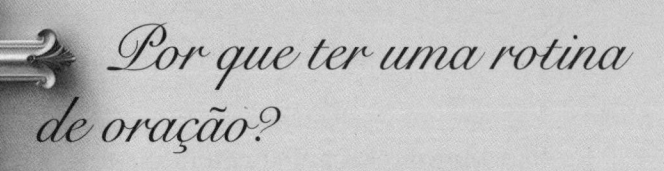

Fala-se tanto em rezar! E nenhuma mulher que tiver um mínimo de fé dirá que rezar é pouco importante. No entanto... mais do que rezar pura e simplesmente, como um ato pontual, é preciso ter uma vida de oração, uma verdadeira vida interior. Isso significa que, mais do que pronunciar fórmulas, estamos sempre sob os olhos do Pai. Se uma filha se lembra do pai com frequência, quanto mais nós, com nosso Pai celeste!

A rotina de oração — sempre pontual, sempre constante — nos ajuda a criar essa certeza de vivermos sob o carinho de Deus a todo momento.

Oração a Santa Mônica

Ó Santa Mônica, que pela oração e pelas lágrimas alcançastes de Deus a conversão de vosso filho transviado, depois santo, Santo Agostinho, olhai para o meu coração, amargurado pelo comportamento do meu filho desobediente, rebelde e inconformado, que tantos dissabores causou ao meu coração e a toda a família. Que vossas orações se juntem com as minhas, para comover o bom Deus a fim de que ele faça meu filho entrar novamente ao bom caminho. Santa Mônica, fazei que o Pai do Céu chame de volta à casa paterna o meu filho pródigo. Dai-me esta alegria e serei muito agradecida(o). Santo Agostinho, rogai por nós. Santa Mônica, atendei-me. Amém.

Oração a São Josemaria Escrivá

Ó Deus, que por mediação da Santíssima Virgem concedestes inúmeras graças a S. Josemaria, sacerdote, escolhendo-o como instrumento fidelíssimo para fundar o Opus Dei, caminho de santificação no trabalho profissional e no cumprimento dos deveres cotidianos do cristão, fazei que eu também saiba converter todos os momentos e circunstâncias da minha vida em ocasião de vos amar, e de servir com alegria e simplicidade a Igreja, o Romano Pontífice e as almas, iluminando os caminhos da terra com a luz da fé e do amor. Concedei-me por intercessão de S. Josemaria o favor que vos peço [*fazer pedido*]. Amém.

Pai Nosso, Ave-Maria, Glória.

Oração a Santa Gianna Beretta Molla

Ó Deus, amante da Vida, que doaste a Gianna Beretta Molla responder com plena generosidade à vocação cristã de esposa e mãe, concede também a mim [*ou à pessoa para quem quer obter a Graça*], por sua intercessão [*fazer pedido*], como também seguir fielmente os teus desígnios, para que resplandeça sempre nas nossas famílias a Graça que consagra o amor eterno e a vida humana. Por Nosso Senhor Jesus Cristo, teu Filho, que é Deus, e vive e reina contigo na Unidade do Espírito Santo, por todos os séculos dos séculos. Amém.
Santa Gianna Beretta Molla, rogai por nós!

Oração à serva de Deus Chiara Corbella Petrillo

Ó Deus de infinita bondade, que, em vossa grande misericórdia, escolheste Chiara como vossa filha predileta e, com sabedoria, a guiaste no caminho do Evangelho ensinando-a, por meio de Maria, a estimar vosso Filho com amor apaixonado, seguindo-o, como esposa e mãe, no caminho da Cruz com confiança inabalável.
Fazei que a luz do Evangelho de Cristo resplandecente em Chiara reacenda a certeza da vida eterna na alma de nossos irmãos e, por intercessão dela, concedei-nos a graça que vos pedimos [*fazer o pedido*]. Também, se for de vossa vontade, fazei com que Chiara seja proclamada beata para nosso bem e para a glória de vosso Nome.
Por Nosso Senhor Jesus Cristo, vosso Filho, na unidade do Espírito Santo. Amém.

Sua forma de se vestir também é apostolado

Você já reparou que nossa imagem também comunica algo? É fácil perceber isso quando nos arrumamos para alguma ocasião especial, como um casamento, uma festa de debutante, um batizado... Mas isso se aplica também ao dia a dia. Comunicamos aquilo que somos mediante a roupa que vestimos. Isso fica claro quando os jovens se vestem como parte de seu grupo: assim, eles se identificam entre si.

☙ Por isso, é natural que nossa forma de nos vestir e de nos comportar seja um espelho de nossa relação com Deus. Podemos sempre pensar: "Se Deus estivesse aqui na minha frente, eu teria vergonha de estar diante d'Ele como agora estou?" Valorize-se. Você não é um objeto, mas filha de alguém muito importante: o próprio Criador. É para isso que sua imagem deve apontar.

☙ Atenção, porém: não se trata de "emperiquitar-se toda", mas de ter zelo pela própria imagem! Nada, portanto, de roupas sujas, rasgadas, puídas, nem de cabelos desgrenhados e unhas descuidadas.

☙ Isso se torna ainda mais delicado quando estamos falando de nossa apresentação no espaço sagrado, em especial na Missa. O centro da liturgia é Cristo — toda a atenção é para Ele!

Responso pelos defuntos

Eu sou a ressurreição e a vida; quem crê em Mim, mesmo que esteja morto, viverá; e quem vive e crê em Mim não morrerá eternamente (Jo 11, 25)

Santos de Deus, vinde em seu auxílio; anjos do Senhor, correi ao seu encontro! Acolhei a(s) sua(s) alma(s), levando-a(s) à presença do Altíssimo.

V. Cristo te (vos) chamou. Ele te (vos) receba, e os anjos te (vos) acompanhem ao seio de Abraão.
R. Acolhei a(s) sua(s) alma(s), levando--a(s) à presença do Altíssimo.

V. Dai-lhe(s), Senhor, o repouso eterno e brilhe para ele(s) a vossa luz.
R. Acolhei a(s) sua(s) alma(s), levando--a(s) à presença do Altíssimo.

V. Senhor, tende piedade de nós.
R. Cristo, tende piedade de nós. Senhor, tende piedade de nós. *Pai-nosso.*

V. Descanse(m) em paz.
R. Amém.

V. O Senhor esteja convosco.
R. Ele está no meio de nós.

Oração
Ouvi, ó Pai, as nossas preces; sede misericordioso para com o(s) vosso(s) servo(s) [*dizer o(s) nome(s)*], que chamastes deste mundo. Concedei-lhe(s) a luz e a paz no convívio dos vossos santos. Por Nosso Senhor Jesus Cristo, na unidade do Espírito Santo.
R. Amém.

Oração
Absolvei, Senhor, a(s) alma(s) do(s) vosso(s) servo(s) [*dizer o(s) nome(s)*] de todos os laços do pecado, a fim de que, na ressurreição gloriosa, entre os

vossos Santos e eleitos, possa(m) ele(s), ressuscitado(s) em seu(s) corpo(s), de novo respirar. Por Cristo Nosso Senhor.
R. Amém.

V. Eu sou a ressurreição e a vida; quem crê em Mim, mesmo que esteja morto, viverá; e quem vive e crê em Mim não morrerá eternamente. Dai-lhe(s), Senhor, o repouso eterno.
R. E brilhe para ele(s) a vossa luz.

V. Descanse(m) em paz.
R. Amém.

V. A(s) sua(s) alma(s) e as almas de todos os fiéis defuntos, pela misericórdia de Deus, descansem em paz.
R. Amém.

Santo Rosário

Poucas orações foram tão sugeridas pelos santos e papas quanto o Rosário. Em Fátima, foi expressamente recomendada por Maria Santíssima. Trata-se, com efeito, da maior devoção mariana entre os cristãos, de uma grande manifestação de carinho por nossa Mãe. Enquanto colocamos aos seus pés humildes rosas na forma de Ave-Marias, contemplamos os mistérios da vida de Jesus, permitindo que, pelos olhos da Mãe, conheçamos o Filho.

Há diversas formas de rezar o Santo Rosário ou um de seus conjuntos de mistérios. Aqui, ofereço a que eu mesma utilizo diariamente.

Começo com as orações da Visita ao Santíssimo Sacramento, repetindo-as três vezes:
V. Graças e louvores sejam dados a todo momento.
R. Ao santíssimo e diviníssimo Sacramento.
Pai-nosso, Ave-Maria e Glória ao Pai.

Segue-se a comunhão espiritual:
Eu quisera, Senhor, receber-vos com aquela pureza, humildade e devoção com que vos recebeu a vossa Santíssima Mãe, com o espírito e o fervor dos santos.

Então, persigno-me:
Pelo sinal † da Santa Cruz, livrai-nos Deus, † Nosso Senhor, dos nossos † inimigos. Em nome do Pai, e do Filho, † e do Espírito Santo. Amém.

Após um breve ato de contrição, rezo um Glória ao Pai:
Glória ao Pai, e ao Filho, e ao Espírito Santo. Como era no princípio, agora e sempre. Amém.

Inicio, então, a primeira dezena do Santo Rosário, enunciando o mistério correspondente. Durante a contemplação deste mistério, reza-se desta maneira:
1. Um Pai-nosso na primeira conta, a maior.
2. Dez Ave-Marias, uma em cada conta seguinte.
3. Um Glória ao Pai.
4. A Oração de Fátima: "Ó meu Jesus, perdoai-nos, livrai-nos do fogo do inferno, levai as almas todas para o Céu e socorrei principalmente as que mais precisarem."

O mesmo se faz nos mistérios seguintes. Concluída a consideração dos mistérios, rezo as seguintes fórmulas da Ave-Maria, em honra a cada pessoa da Santíssima Trindade:
Ave, Maria, Filha de Deus Pai, cheia de graça, o Senhor é convosco, bendita sois Vós entre as mulheres e bendito é o fruto do vosso ventre, Jesus. Santa Maria, Mãe de Deus, rogai por nós, pecadores, agora e na hora da nossa morte. Amém.

Ave, Maria, Mãe de Deus Filho, cheia de graça, o Senhor é convosco, bendita sois vós entre as mulheres e bendito é o fruto do vosso ventre, Jesus. Santa Maria, Mãe de Deus, rogai por nós, pecadores, agora e na hora da nossa morte. Amém.
Ave, Maria, Esposa de Deus Espírito Santo, cheia de graça, o Senhor é convosco, bendita sois vós entre as mulheres e bendito é o fruto do vosso ventre, Jesus. Santa Maria, Mãe de Deus, rogai por nós, pecadores, agora e na hora da nossa morte. Amém.

Sigo, então, com:
1. A récita da Ladainha de Loreto.
2. Um Pai-nosso, uma Ave-Maria e um Glória ao Pai pelas necessidades da Igreja e do Estado.
3. Um Pai-nosso, uma Ave-Maria e um Glória ao Pai pelas intenções do bispo da diocese em que me encontro.
4. Um Pai-nosso e uma Ave-Maria pelas almas do purgatório.

Divisão dos mistérios do Santo Rosário

MISTÉRIOS GOZOSOS
(SEGUNDA-FEIRA E SÁBADO)

1. A Encarnação do Senhor
2. A visitação de Nossa Senhora à sua prima Santa Isabel
3. O nascimento do Filho de Deus
4. A apresentação do Menino Jesus no Templo
5. O Menino Jesus perdido e achado no Templo

MISTÉRIOS LUMINOSOS
(QUINTA-FEIRA)

1. O batismo de Jesus no rio Jordão
2. A autorrevelação de Cristo em Caná
3. O anúncio do Reino de Deus
4. A Transfiguração do Senhor no monte Tabor
5. A instituição da Sagrada Eucaristia

MISTÉRIOS DOLOROSOS

(TERÇA E SEXTA-FEIRA)

1. A agonia de Jesus no Horto
2. A flagelação do Senhor
3. A coroação de espinhos
4. Jesus carrega a Cruz
5. A morte de Jesus na Cruz

MISTÉRIOS GLORIOSOS

(QUARTA-FEIRA E DOMINGO)

1. A Ressurreição do Senhor
2. A Ascensão do Senhor aos Céus
3. A vinda do Espírito Santo sobre Maria e os apóstolos
4. A Assunção de Nossa Senhora
5. A coroação de Maria Santíssima

Jaculatórias para usar ao longo do dia

Uma forma privilegiada de conservar a presença de Deus ao longo do dia, isto é, de passar o dia sabendo-se sob o olhar de Deus Pai e na companhia de Maria, consiste em encher o tempo de jaculatórias, que são pequenas "flechas" que lançamos aos Céus. É muito proveitoso associar algumas jaculatórias a determinados momentos ou tarefas do dia, ou selecionar determinada invocação a um dia específico. No fundo, podemos usar a liberdade do amor.

Quando estivermos trocando fraldas, quando estivermos cozinhando, diante de alguma contrariedade, quando nos sobrevêm as alegrias pequenas do dia, quando vamos começar a trabalhar ou concluir nossa tarefa, quando estamos a sair de casa ou a chegar... Oportunidades não faltam. Preenchamos todo o tempo com nosso amor de filhas!

Nas próximas páginas, sugiro algumas jaculatórias e algumas circunstâncias em que se pode usá-las. No fundo, porém, a regra é sempre usar a criatividade do amor. Com o tempo, elas sairão muito naturalmente da nossa boca, criando um clima de oração constante em nosso cotidiano.

Trocando fraldas
Faça-se, cumpra-se, seja louvada e eternamente glorificada a justíssima e amabilíssima Vontade de Deus sobre todas as coisas.
Do pó vieste e ao pó voltarás.

Ao amamentar ou dar comida para os filhos
Senhor, Tu sabes tudo, Tu sabes que te amo!

Nos momentos de colocar a casa em ordem
Jesus, Maria e José, minha família tua é!
Meu Senhor e meu Deus!

Quando a tentação de "explodir" surge
Jesus, manso e humilde de coração, fazei o nosso coração semelhante ao vosso.
Coração Sacratíssimo de Jesus, dá-nos a paz!
São Miguel Arcanjo, defendei-nos no combate.

Ao receber o marido em casa
Doce Coração de Maria, sede a nossa salvação.

Ao subir escadas
Jesus, com os olhos nos Céus e os pés na terra.

Ao iniciar uma obrigação
Tua sou, para ti nasci, o que queres fazer de mim?

Ao preparar as refeições
Santa Maria, esperança nossa, escrava do Senhor, rogai por nós.

Na hora de arrumar-se
Queremos que Cristo reine!
Sou toda tua, Maria!

Ao estudar com as crianças
A quem irei, Senhor? Só Tu tens palavras de vida eterna.

Ao colocar os pratos
Mãe, mostra que és Mãe!
Cristo, filho de Deus vivo, tem piedade de mim, que sou pecadora!

Ao corrigir os filhos
Coração dulcíssimo de Maria, prepara-nos um caminho seguro!

Ao ouvir os filhos e o marido nos chamando
Imaculada Rainha da paz, dai-nos a paz.
Eis-me aqui, Senhor, porque me chamaste!

Enquanto se lava a louça
Ó Jesus Cristo! Ó Jesus Cristo! Ó Jesus Cristo! O que há de maior que este grito de amor?
Sagrado Coração de Jesus, que tanto nos amais, fazei que eu vos ame cada vez mais.

Quando um filho chora
Tu és, ó Deus, a minha fortaleza.
Mãe, minha Mãe, me ajuda a ter a ternura do teu coração.

Ao levantar de madrugada
Buscarei, Senhor, o teu rosto!
Todos com Pedro a Jesus, por Maria!

Quando a tentação do desânimo aparece
Meu Deus e meu tudo!
Senhor, és minha luz e salvação, a quem temerei?

Ao sentar-se, nos momentos de descanso
São José, nosso Pai e Senhor, bendize a todos os filhos da Igreja de Deus!
Ó Jesus, descanso em ti.

Ao trocar a roupa para dormir
Ó Maria, concebida sem pecado, rogai por nós que recorremos a Vós!
Senhor, sede para mim um refúgio seguro.

Onde há o amor e a caridade, Deus aí está

Lemos no texto sagrado que Cristo se identifica com o próximo, sobretudo com os que mais sofrem. Isso não é slogan político! Não podemos, portanto, ignorar o que diz Jesus e achar que basta ter uma vida de oração encerrada em si mesma. Devemos buscar servir a Jesus nos outros!

Além disso, é importante, para a educação moral dos filhos, que eles nos vejam servindo e pensando em outras pessoas. Isso os educará para a generosidade e para a abnegação.

Se você estiver com dificuldades para saber como começar suas obras de caridade, que tal recordar as obras de misericórdia que a Igreja nos orienta a praticar?

Obras de misericórdia corporais

1. Dar de comer a que tem fome
2. Dar de beber a quem tem sede
3. Dar pousada aos peregrinos
4. Vestir os nus
5. Visitar os enfermos
6. Visitar os presos
7. Enterrar os mortos

Obras de misericórdia espirituais

1. Ensinar os ignorantes
2. Dar bom conselho
3. Corrigir os que erram
4. Perdoar as injúrias
5. Consolar os tristes
6. Sofrer com paciência as fraquezas do nosso próximo
7. Rezar a Deus por vivos e defuntos

Trechos para meditação diária

É muito recomendado que, nos momentos dedicados diariamente à oração pessoal, a nosso diálogo íntimo com o Senhor, tenhamos sempre em mãos algum texto ou imagem que nos ajude a fixar nossa atenção, estimule o trato com Deus e nos resgate das distrações. Livros importantes e já "testados" por muitos santos não faltam: desde clássicos da espiritualidade, como as Confissões, de Santo Agostinho; a Imitação de Cristo, de Tomás de Kempis; Caminho, de São Josemaria Escrivá; as obras de Santa Teresa e de Santa Teresinha; até textos modernos feitos precisamente para a meditação, como a coleção Falar com Deus, de Francisco-Fernández Carvajal... Sem falar, é claro, nas Sagradas Escrituras, lugar privilegiado para conhecermos Cristo por inspiração do Espírito Santo.

Nesta seção, ofereço alguns trechos — por vezes, uma breve frase — que podem estimular a oração pessoal e servir-lhe de tema. Lembre-se: o importante é saber que você está conversando com uma Pessoa, com um coração que te ama e que se interessa por tudo o que vem de ti.

Lancemo-nos no oceano de sua bondade, onde todo fracasso será suprimido e toda angústia, transformada em amor.
— São Paulo da Cruz

Por que estamos tristes? Por que culpamos a Deus? Os males abundam no mundo para que o mundo não consiga nos convencer a amá-lo.
— Santo Agostinho

Se as coisas sempre dessem errado, ninguém o suportaria; se as coisas sempre dessem certo, todos ficariam arrogantes.
— São Bernardo de Claraval

A tribulação é um dom de Deus — um dom que Ele oferece de modo especial a seus amigos especiais.
— São Thomas More

Sempre que algo desagradável ou inconveniente te ocorrer, lembra-te de Cristo crucificado e cala-te.
— São João da Cruz

Que tua velhice seja infantil e tua infância seja como a velhice, de modo que nem tua sabedoria venha acompanhada do orgulho, nem tua humildade careça de sabedoria.
— Santo Agostinho

Tudo o que não se faz para Deus transforma-se em sofrimento.
— Santo Afonso Maria de Ligório

Imagina que tua raiva é uma espécie de animal selvagem [...], pois também ela possui dentes e garras ferozes; e, se não a domesticas, ela devastará todas as coisas [...]. Ela não machuca apenas o corpo, mas chega a corromper a saúde da alma, devorando, estraçalhando e deixando em pedaços toda a sua força, bem como tornando-a inútil para toda e qualquer coisa.
— São João Crisóstomo

Enquanto perdurar a raiva, ela continuará a ser a fecunda mãe de muitos filhos infelizes.
— São João Clímaco

Não há pecado ou falta que ofereça ao homem tamanho antegosto do inferno nesta vida do que a raiva e a impaciência.
— Santa Catarina de Sena

Saber quem devemos evitar é um grande meio de salvar nossas almas.
— São Tomás de Aquino

Nada pode ser mais perigoso do que ter companhias más. Elas transmitem a infecção de seus vícios a todos aqueles que com elas se associam.
— São João Batista de la Salle

É possível fazer outras coisas contra a própria vontade, mas crer só é possível para aquele que assim o deseja.
— Santo Agostinho

A recordação de uma falta sofrida é [...] como uma flecha enferrujada e um veneno para a alma.
— São Francisco de Paula

Nada te perturbe. Nada te espante. Tudo passa, Deus não muda.
— Santa Teresa de Ávila

Num mundo superior as coisas funcionam de outro modo; aqui embaixo, porém, viver é mudar, e para ser perfeito é preciso mudar com frequência.
— São John Henry Newman

Comer e beber não sela amizades — amizades assim até ladrões e assassinos têm. Se somos amigos, se de fato nos importamos uns com os outros, que ajudemos uns aos outros espiritualmente. [...] Impeçamos aquelas coisas que levam nossos amigos para o inferno.
— São João Crisóstomo

Quem ama a Deus encontrará alegria em todas as coisas; quem não ama a Deus em nenhuma coisa encontrará verdadeiro prazer.
— Santo Afonso Maria de Ligório

Coragem! Na vida espiritual, quem não vai para a frente, retorna. Assemelha-se a um bote que deve sempre seguir adiante. Se ele parar, o vento o soprará para trás.
— São Pio de Pietrelcina

O medo da morte é para aqueles que não estão dispostos a ir até Cristo.
— São Cipriano de Cartago

A morte não é um fim, mas uma transição; e, uma vez concluída nossa viagem pelo tempo, também uma passagem à eternidade. Quem não gostaria de alcançar coisas melhores?
— São Cipriano de Cartago

Para o homem bom, morrer é ganhar. O tolo teme a morte como o maior dos males; o sábio a deseja como um descanso após a fadiga e como o fim das enfermidades.
— Santo Ambrósio de Milão

Morte, a porta para a vida.
— São Bernardo de Claraval

Quem reza se salva; quem não reza se condena.
— Santo Afonso Maria de Ligório

O lar — qualquer que seja, porque também a mulher solteira deve ter um lar — é um âmbito particularmente propício para o desenvolvimento da personalidade. A atenção prestada à família constituirá sempre para a mulher a sua maior dignidade; no cuidado com o marido e com os filhos, ou, para falar em termos mais gerais, no trabalho para criar à sua volta um ambiente acolhedor e formativo, a mulher realiza o mais insubstituível da sua missão e, consequentemente, pode atingir aí a sua perfeição pessoal.
— São Josemaria Escrivá

Você odeia ser enganado? Então não engane os outros.
— São João Crisóstomo

Não é da natureza humana enganar os outros por muito tempo sem que, em certa medida, também enganemos a nós mesmos.
— São John Henry Newman

Custe o que custar, Deus nunca será caro.
— Santo Afonso Maria de Ligório

Toda a preocupação dos homens com as coisas desta vida não é senão como a brincadeira de crianças na areia. [...] Assim que a tarefa é concluída, a areia desmorona, e nada mais resta do que construíram.
— São Gregório de Nissa

Aquele que busca a terra antes de buscar o Céu, certamente perderá tanto a terra quanto o Céu.
— São João Crisóstomo

Dizes que a carga é pesada? Não, mil vezes não! Essas obrigações, que aceitaste livremente, são asas que te levantam sobre o lodo vil das paixões. Porventura

os pássaros sentem o peso das suas asas? Corta-as, coloca-as no prato de uma balança: pesam! Pode, no entanto, a ave voar se lhas arrancam? Precisa dessas asas assim; e não nota o seu peso porque a elevam acima do nível das outras criaturas. Também as tuas "asas" pesam! Mas, se te faltassem, cairias nos mais sujos lodaçais.
— São Josemaria Escrivá

Que eu não seja inimigo de homem nenhum e que faça-me amigo daquele que é eterno e permanece.
— Santo Eusébio de Vercelli

Sempre que invejas teu próximo, dás aos demônios lugar em que repousar.
— Santo Efraim, o Sírio

Sabes com que frequência as raízes racham uma rocha quando lhes é permitido permanecer nela? Não dês espaço para a semente do mal, pois ela destruirá tua fé.
— São Cirilo de Jerusalém

As coisas de Deus são realizadas pouco a pouco e quase imperceptivelmente. O Espírito de Deus não é nem violento nem apressado.
— São Vicente de Paulo

A humildade consiste em nos vermos como somos, sem disfarces, com verdade. E, ao compreendermos que não valemos quase nada, abrimo-nos à grandeza de Deus. Esta é a nossa grandeza.
— São Josemaria Escrivá

Quem não acredita no Senhor em questões pequenas, claramente não acreditará em questões de maior importância.
— São Basílio Magno

Sem a fé, todo labor humano é vazio.
— São Fulgêncio de Ruspe

A fé confere asas à oração, que sem ela não consegue voar até o Céu.
— São João Clímaco

Só uma pessoa com uma fé muito pequena poderia achar que um Deus tão grande não tem o poder de dar comida àqueles que o servem.
— Santa Teresa de Ávila

Como alguém pode dizer que acredita em Cristo se não faz o que Cristo lhe ordenou que fizesse?
— São Cipriano de Cartago

Quando dizemos "Livrai-nos do mal", nada mais há a ser pedido. Pois, uma vez que pedimos a proteção de Deus contra o mal e a conseguimos, permanecemos sãos e salvos contra tudo o que o Diabo e o mundo poderiam tramar contra nós. Que medo pode haver para aquele cujo guardião nesta vida é Deus?
— São Cipriano de Cartago

Assim, nem o que planta é alguma coisa nem o que rega, mas só Deus, que faz crescer. O que planta ou o que

rega são iguais; cada um receberá a sua recompensa, segundo o seu trabalho.
— 1 Coríntios 3, 7-8

O peso do medo é a âncora do coração.
— São Gregório Magno

O que pode temer quem vive nos braços e no seio de Deus?
— São Paulo da Cruz

Não há outro caminho, meus filhos: ou sabemos encontrar o Senhor em nossa vida de todos os dias, ou não o encontraremos nunca. Por isso, posso afirmar que nossa época precisa devolver à matéria e às situações aparentemente mais vulgares seu nobre e original sentido: pondo-as ao serviço do Reino de Deus, espiritualizando--as, fazendo delas meio e ocasião para o nosso encontro contínuo com Jesus Cristo.
— São Josemaria Escrivá

Ninguém cura a si mesmo ao ferir o outro.
— Santo Ambrósio de Milão

Você tenta ler a Bíblia?

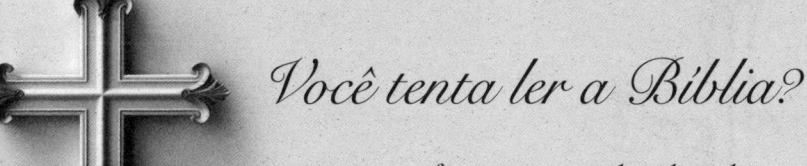

Isso parece uma tarefa e tanto — e de tal modo que soa como algo para especialistas! Só que a Bíblia é a maneira privilegiada pela qual o próprio Espírito Santo quis dar a conhecer os mistérios da nossa salvação. Não podemos deixá-la de lado. Como fazer, então?

🌿 Primeiro, é preciso ter em mente que a Bíblia jamais contradiz a doutrina da Igreja nem a si mesma. É por isso que a Igreja, como depositária da Tradição, se faz tão importante para nos ajudar na interpretação da Palavra. Depois, nossa leitura das Escrituras deve ser sempre "orante". Nós as lemos para conhecer mais a Deus, para crescer em intimidade com Ele.

🌿 E não é preciso muito para que isso aconteça. O que procuro fazer — e indico — é me colocar dentro da cena, pensando que sou uma personagem a mais assistindo a tudo. Busco, dessa maneira, fazer com que os acontecimentos bíblicos e eu sejamos uma só coisa. Afinal, a Bíblia não é apenas um documento histórico: a Palavra de Deus é viva e ecoa pelos séculos!

🌿 Com uns minutos por dia, podemos avançar muito no conhecimento da Bíblia, sobretudo do Novo Testamento, que é onde a plenitude da Revelação se dá. Além disso, podemos retirar, dessa leitura diária, uma frase para nos acompanhar ao longo de nossas tarefas cotidianas, bem como elementos para oração e para exame pessoal.

Que tal começar com estas perguntas?
1. O que esse trecho diz sobre o meu coração?
2. Como esse trecho pode se relacionar com o que estou vivendo agora?
3. Como, por meio da leitura bíblica, o Espírito Santo está querendo fomentar minha relação com o Senhor?
4. Como posso aplicar o que acabei de ler na minha vida e na minha família?

Os santos regozijavam-se diante das injúrias e perseguições porque, ao perdoá-las, eles tinham algo a apresentar a Deus quando rezavam a Ele.
— Santa Teresa de Ávila

A verdadeira perfeição consiste em não ter senão um medo: o de perder a amizade de Deus.
— São Gregório de Nissa

A prova de que sois filhos é que Deus enviou aos vossos corações o Espírito de seu Filho, que clama: "Aba, Pai!" Assim, já não és escravo, mas filho. E, se és filho, então também herdeiro por Deus.
— Gálatas 4, 6-7

Nada é impossível a Deus, exceto mentir.
— São Clemente

Verdadeiramente feliz é aquele que possui tudo o que deseja e que não deseja ter nada do que não lhe convém.
— Santo Agostinho

A felicidade é a vida natural do homem.
— São Tomás de Aquino

Deus não apressa suas obras. Ele faz tudo a seu tempo.
— São Vicente de Paulo

Jesus me disse: "Meu Céu não estaria completo sem você."
— Santa Gertrudes, a Grande

Eu lhes asseguro, meus filhos, que, quando um cristão desempenha com amor a mais intranscendente das ações diárias, está desempenhando algo donde transborda a transcendência de Deus. Por isso tenho repetido, com insistente martelar, que a vocação cristã consiste em transformar em poesia heroica a prosa de cada dia. Na linha do horizonte, meus filhos, parecem unir-se o Céu e a terra. Mas não: onde de verdade se juntam é no coração, quando se vive santamente a vida diária...
— São Josemaria Escrivá

O mundo só está povoado para que possa povoar o Céu.
— São Francisco de Sales

Nossa casa é o Céu. Na terra, somos como viajantes numa hospedaria. Quando você está longe, não para de pensar em chegar em casa.
— São João Maria Vianney

O país em que moro não é meu país natal; este se encontra noutra parte e deve ser sempre o centro de meus anseios.
— Santa Teresinha

Eis por que sinto alegria nas fraquezas, nas afrontas, nas necessidades, nas perseguições, no profundo desgosto sofrido por amor de Cristo. Porque, quando me sinto fraco, então é que sou forte.
— 2 Coríntios 12, 10

A esperança sempre leva a alma das belezas vistas até aquilo que está por trás

delas; sempre acende o desejo pelo que há de escondido por meio daquilo que percebemos.
— São Gregório de Nissa

Acautelai-vos, para que não percais o fruto de nosso trabalho, mas antes possais receber plena recompensa. Todo aquele que caminha sem rumo e não permanece na doutrina de Cristo não tem Deus. Quem permanece na doutrina, este possui o Pai e o Filho.
— 2 João 1, 8-9

A humildade é a única virtude que demônio nenhum pode imitar.
— São João Clímaco

Deus é sempre poderoso; Ele pode sempre operar milagres, e o faria agora tanto como antigamente se não fosse a falta de fé!
— São João Maria Vianney

Que os irmãos evitem sempre aparecer sombrios, tristes e desanimados, como os hipócritas; ao contrário, que sempre nos encontrem alegres no Senhor, felizes, amáveis, graciosos, como convém.
— São Francisco de Assis

Portanto, eis que vos digo: não vos preocupeis por vossa vida, pelo que comereis, nem por vosso corpo, pelo que vestireis. A vida não é mais do que o alimento e o corpo não é mais que as vestes? Olhai as aves do céu: não semeiam nem ceifam, nem recolhem nos celeiros e vosso Pai celeste as alimenta. Não valeis vós muito mais que elas?
— Mateus 6, 25-26

Sempre te ocupes de algo que valha a pena; deste modo, o Diabo sempre te encontrará ocupado.
— São Francisco de Assis

O ócio é o inimigo da alma.
— São Bento

Jesus torna a colherada mais amarga em doce.
— Santa Teresinha

Ah, se todos soubessem o quão belo é Jesus, o quão amável! Todos morreriam de amor.
— Santa Gema Galgani

Quando muitos homens se rejubilam juntos, há uma alegria maior em cada indivíduo, uma vez que inspiram a si mesmos e inflamam uns aos outros.
— Santo Agostinho

Suportar com paciência é a perfeição da caridade.
— Santo Ambrósio de Milão

Quando a alegria espiritual enche os corações, a Serpente lança seu veneno mortal em vão. Os demônios não podem prejudicar o servo de Cristo quando veem que ele está repleto de uma santa alegria.
— São Francisco de Assis

Dá-me senso de humor, Senhor, e algo diante do qual rir.
— São Thomas More

Ria e fique mais forte.
— Santo Inácio de Loyola

Sirva o Senhor com risos.
— São Pio de Pietrelcina

Se o amor habita em ti, não tens inimigo na terra.
— São Efraim, o Sírio

No ocaso da vida, seremos julgados pelo amor.
— São João da Cruz

Guardai-vos de fazer vossas boas obras diante dos homens, para serdes vistos por eles. Do contrário, não tereis recompensa junto de vosso Pai que está no Céu. Quando, pois, dás esmola, não toques a trombeta diante de ti, como fazem os hipócritas nas sinagogas e nas

ruas, para serem louvados pelos homens. Em verdade eu vos digo: já receberam sua recompensa. Quando deres esmola, que tua mão esquerda não saiba o que fez a direita. Assim, a tua esmola se fará em segredo; e teu Pai, que vê o escondido, irá recompensar-te.
— Mateus 6, 1-4

O amor que conduz ao matrimônio e à família pode ser também um caminho divino, vocacional, maravilhoso, por onde corra, como um rio em seu leito, uma completa dedicação ao nosso Deus. Já o lembrei: realizem as coisas com perfeição, ponham amor nas pequenas atividades da jornada. Descubram — insisto — esse algo divino que nos detalhes se encerra: toda esta doutrina encontra lugar especial no espaço vital em que se enquadra o amor humano.
— São Josemaria Escrivá

Inevitavelmente nos assemelhamos ao que amamos.
— São Francisco de Sales

Aquele que é devoto da Virgem Mãe certamente nunca se perderá.
— Santo Inácio de Antioquia

Se os tornados da tentação se levantarem contra ti, ou se estiveres se chocando contra as rochas das tribulações, olha para a estrela — recorre a Maria!
— São Bernardo de Claraval

Somente após o Juízo Final é que Maria terá descanso; de agora até lá, ela estará assaz ocupada com seus filhos.
— São João Maria Vianney

Quando olhas para teu irmão, vês a Deus.
— São Clemente de Alexandria

Se estás irado contra o próximo, estás irado contra Deus. [...] Honra o próximo e terás honrado a Deus.
— Santo Efraim, o Sírio

Jamais podemos amar o próximo suficientemente.
— São Francisco de Sales

A paciência é a companheira da sabedoria.
— Santo Agostinho

A paciência é a raiz e a guardiã de todas as virtudes.
— São Gregório Magno

A paz é a tranquilidade da ordem.
— Santo Agostinho

A paz é melhor do que uma fortuna.
— São Francisco de Sales

Não condenes a prata apenas porque tens ouro.
— São Cirilo de Jerusalém

Os homens podem curar os luxuriosos.
Os anjos podem curar os maliciosos.
Apenas Deus pode curar o orgulhoso.
— São João Clímaco

Um santo triste é um triste santo.
— São Francisco de Assis

Vinde a mim, vós todos que estais aflitos sob o fardo, e eu vos aliviarei. Tomai meu jugo sobre vós e recebei minha doutrina, porque eu sou manso e humilde de coração e achareis o repouso para as vossas almas. Porque meu jugo é suave e meu peso é leve.
— Mateus 11, 28-30

Não duvidem, meus filhos; qualquer modo de evasão das honestas realidades diárias é para os homens e mulheres do mundo coisa oposta à vontade de Deus.
— São Josemaria Escrivá

Exame de consciência

Para que examinar a consciência? Não devemos fazê-lo apenas para a confissão. Devemos examinar-nos para podermos nos voltar a Deus muitas vezes ao dia, com o coração contrito, e também para traçar nossos pontos de luta. Sem exames de consciência diários, é muito difícil progredir na vida espiritual! Afinal, como haveremos de descobrir o estado da nossa alma? Com base no que poderemos traçar planos de ação? E, principalmente, como descobrir de que forma estamos ofendendo a Deus?

Nas próximas páginas, sugiro algumas perguntas que podem nos guiar num exame de consciência completo. Para o exame diário, você pode escolher algumas perguntas específicas, que mais digam respeito às suas dificuldades e lutas. Ou, ainda, você pode tomar essas perguntas como base para elaborar um exame próprio, segundo sua realidade concreta. O mais importante é pedir a Deus um coração que saiba condoer-se das próprias faltas e confiar na misericórdia divina. E também agradecer, agradecer sempre, pela tamanha bondade de nosso Pai.

Desejo conhecer melhor minha fé?
Neguei-a de alguma maneira ou tive
vergonha dela? Acredito que posso
aceitar ou recusar pontos da minha fé
segundo meu bel-prazer?

Disse o nome de Deus em vão?
Confiei em crenças que contradizem a
minha fé?

Lembrei-me de Deus durante o dia
oferecendo-lhe o meu trabalho, dando-
-lhe graças?

Fui respeitosa com as pessoas, os lugares
e as coisas santas?

Faltei à Missa nos domingos ou dias de
preceito sem ter motivo grave para tal?

Recebi a Sagrada Comunhão tendo
algum pecado grave não confessado?
Recebi a Comunhão sem a reverência
que ela merece?

Fui impaciente com os outros? Fiquei irritada ou tive inveja?

Remoí ressentimentos? Tenho demorado a pedir perdão?

Fui violenta em atos ou palavras?

Desrespeitei a vida humana em qualquer fase em que se encontrasse? Colaborei ou encorajei alguém
a fazê-lo?

Nutri rancor ou fiz juízos críticos, fosse em atos ou pensamentos? Tratei alguém com desprezo?

Recorri à ironia ou ao sarcasmo?

Cedi aos respeitos humanos, isto é, deixei de agir ou falar como deveria a fim de conservar determinada imagem diante dos outros?

Falei mal dos outros? Desrespeitei a intimidade alheia, falando sobre ela a terceiros? Fiz ou aceitei fofocas?

Abusei de bebidas alcoólicas? Usei drogas? Fui intemperante na comida ou na bebida?

Guardei meus sentidos e minha pureza, ou me expus a conteúdos baixos? Cometi atos impuros, sozinha ou com outras pessoas? Estou morando com alguém como se fosse casada, sem que o seja?

Se sou casada, procuro amar o meu esposo mais do que a qualquer outra pessoa? Coloco meu casamento como prioridade, abaixo apenas de Deus? Estou aberta aos filhos que Deus me quiser enviar?

Sou ordenada no trabalho, ou as distrações me fazem perder tempo e energia, em detrimento da atenção que devo dedicar à família e amigas?

Cedi à murmuração e a reclamações desnecessárias?

Fui orgulhosa ou egoísta? Penso e pratico formas de ajudar mais os pobres e os necessitados? Fui excessivamente pródiga com caprichos, conforto e luxo pessoal?

Falei mentiras? Fui honesta e sincera com os outros? Enganei alguém ou cometi roubos?

Preferi a comodidade em vez de cumprir meus deveres?

Tenho planos de apostolado, de aproximar minhas amigas e filhos ao Senhor? Meu exemplo e minhas palavras são de uma verdadeira filha de Deus?

Ando me esforçando para vencer meus defeitos mais evidentes? E o meu defeito dominante?

Confessar-se, confessar-se, confessar-se!

Muita gente tem vergonha de se confessar. Isso muitas vezes se esconde sob aquela famosa frase: "Ah, mas eu falo diretamente com Deus!" Ora, o próprio Cristo instituiu o sacramento da Penitência como forma ordinária de retornarmos à amizade sobrenatural com Deus, recobrando a vida da graça em nós quando a perdemos pelo pecado mortal.

🙜 Só que a confissão não serve apenas para o perdão dos pecados. Embora isso seja próprio do sacramento, a Reconciliação também nos dá força para evitarmos as quedas futuras. A confissão frequente, além disso, conserva nossa consciência sempre delicada, atenta às nossas faltas.

🙜 Se não temos vergonha de pecar, como podemos ter vergonha de confessar as nossas quedas?

🙜 A confissão frequente — procuro fazer uma confissão por semana — é fundamental para a vida interior e uma fonte extraordinária de alegria.

Exame de consciência para nossos filhos

No início de suas vidas, somos as principais responsáveis pela formação da consciência dos nossos filhos, por sua assimilação do que é certo e do que é errado — e isso tanto mediante nosso exemplo quanto mediante nossas palavras. Orientá-los quanto ao exame de consciência pode ser, portanto, muitíssimo importante, sobretudo nos primeiros anos de vida. Ofereço aqui um breve exame de consciência para usarmos com nossos filhos. Penso que pode ser utilizado desde cedo e até depois de já terem entrado na idade da razão, lá pelos sete ou oito anos. No início, precisaremos guiá-los de maneira bem prática; quando já alfabetizados, poderão crescer em autonomia. Com o tempo, examinar-se será algo tão natural para eles quanto o é para nós mesmas. Lembre-se de sempre dizer a seu filho ou filha que o exame de consciência deve ser feito com serenidade e espírito de contrição. É com Deus que eles estão falando!

Tenho rezado sempre, nem que seja um pouquinho? Esqueci-me de Deus no dia a dia?

Fui à Missa aos domingos?

Falei de Deus com descaso ou em tom de brincadeira?

Prestei atenção e me comportei na igreja?

Tenho ajudado meus pais nos afazeres de casa?

Tenho sido obediente a meus pais, avós e professores?

Quero tudo para mim, sem pensar nos outros?

Compartilhei meus brinquedos com meus amigos e irmãos?

Andei irritado e reclamão?

Fui teimoso, querendo tudo do meu jeito?

Tenho estudado com atenção, dando o melhor de mim?

Andei colando nas provas?

Magoei alguém, falando mal dessa pessoa?

Excluí alguém de minhas brincadeiras?

Contei mentiras?

Roubei ou estraguei coisas dos outros?

Posso dizer que dou um bom exemplo?

Incentivei alguém a fazer coisas erradas?

Fiz fofoca?

Rezei pelos meus pais, pelos meus amigos, pelas pessoas que mais precisam e pelo papa?

Sugestões para um plano de vida espiritual

Precisamos viver todo o nosso dia na certeza de que o Senhor se faz presente, de que Ele nos vê, de que se interessa por tudo o que fazemos, pensamos, dizemos e sofremos. Com essa certeza, tudo entregamos a Ele, para que seja o Senhor de todas as coisas e reine em nossas vidas. No entanto, nada disso será possível se nós, mulheres que desejamos ser agradáveis a Deus, não dedicarmos certos momentos do dia a estar especialmente com Ele, com Maria, com seus santos... A esses momentos dedicados exclusivamente às coisas do Alto damos o nome de plano de vida espiritual. Trata-se de algo que fazemos todos os dias, com constância e ordem. Por isso, é muito recomendável dedicar um horário fixo para cada item do seu plano. Não há receita pronta: o plano de vida deve se adaptar às nossas realidades familiares e profissionais.

Nesta seção, compartilho o que eu mesma sigo diariamente, a título de sugestão. Pode servir como base para você elaborar um plano de vida próprio. Repito: se porventura indico um horário ou momento específico, faço-o apenas na intenção de lhes dar um norte! Em diferentes momentos da vida, podemos cumprir os itens do plano de vida em momentos diversos. Afinal, uma mãe com crianças pequenas tem exigências e disponibilidades práticas diferentes de uma mãe com filhos adolescentes ou adultos. Uma mãe que trabalha fora se submete a circunstâncias distintas da mãe que permanece no lar com os filhos. Lembre-se de que um bom diretor espiritual pode ajudá-la nessa organização.

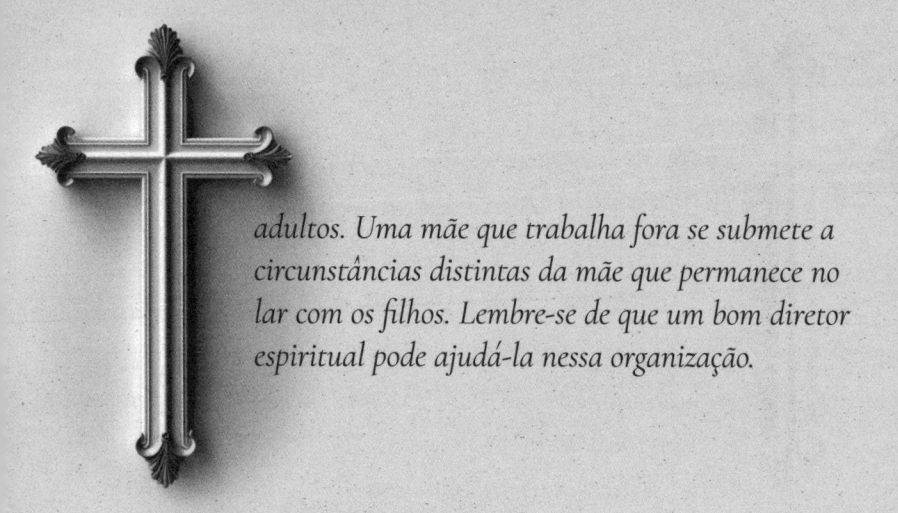

Oferecimento de obras
Tão logo acordamos, renovamos o desejo de servir a Deus e entregamos a Ele todos os nossos pensamentos, todas as nossas palavras, todas as nossas obras — toda a nossa vida, enfim.

Oração da manhã
Eis um primeiro momento para dedicarmos exclusivamente ao diálogo com o Senhor. Devemos, para isso, ter ordem: escolher previamente um tema, um local, um horário... Hoje, consigo fazer bem cedo meus trinta minutos de oração matinal: às cinco e meia da manhã!

Leitura do Novo Testamento
Esta é a melhor maneira de conhecer intimamente a Cristo. Com cinco minutos de leitura diária do Novo Testamento, é possível ler várias vezes, ao longo da vida, os principais fatos da nossa salvação. Procure imaginar-se nas cenas lidas, como se fosse uma

personagem a mais. À noite, ao colocar os meus filhos mais velhos na cama, aproveito para fazer com eles a leitura do Novo Testamento.

Santa Missa
Este é o centro de nosso dia, o ponto para o qual tudo se encaminha. Na Santa Missa, renova-se o sacrifício de Cristo que nos abriu o Céu. A este sacrifício unimos toda a nossa vida — tudo o que somos e temos. Se, hoje, assisto à Missa às 9h30, às 9h20 começo uma boa preparação interior. Ah, e não se esqueça de, se possível, depois da Missa, dedicar uns dez minutos de ação de graças a Deus!

Ângelus *ou* Regina Caeli
A tradicional oração do *Ângelus* pode ser rezada às 6h, às 12h e/ou às 18h. Recordamos, com ela, a disponibilidade de Maria diante da vontade de Deus e a misericórdia divina, pela qual a Segunda Pessoa da Santíssima Trindade se fez um de nós.

Oração da tarde
Nosso segundo momento de diálogo com o Senhor. Faço, aqui, mais trinta minutos de oração. Hora de abrir o coração e os ouvidos para Cristo! Hoje, consigo fazer esse período de oração antes de buscar os meninos na escola.

Leitura espiritual
Uma fé que não se forma não perdura. Precisamos crescer em doutrina e ter contato com escritos que fomentem nossa piedade, nossos desejos de melhora. Para isso, uma leitura espiritual diária de dez minutos há de contribuir muito. Tenha muito cuidado para buscar obras de conteúdo seguro; se necessário, se aconselhe com um bom sacerdote. A fé é um bem precioso demais para colocarmos em risco. Hoje, dedico o período após o almoço para minha leitura.

Visita ao Santíssimo Sacramento

Cristo prometeu que ficaria conosco até o fim dos tempos (cf. Mt 28, 20), e sua presença nos sacrários, em que se encontra com seu Corpo, Sangue, Alma e Divindade, é prova disso. Ele se humilhou de tal modo que permaneceu para nós sob as aparências do pão, e muitas vezes permanece sozinho nos sacrários de nossas igrejas. Diante do Santíssimo Sacramento, nós o adoramos e lhe agradecemos por tão grande dom. Ao longo do dia, também podemos aproveitar para visitar muitos sacrários com nosso coração. Atualmente, aproveito que há uma capela com Sacrário na escola dos meninos e, ao buscá-los, faço a visita ali mesmo!

Terço

Com o terço, olhamos para os acontecimentos centrais da salvação pelos olhos de Nossa Senhora, ao mesmo tempo que colocamos a seus pés, como filhas agradecidas e confiantes, nossas rosas em formas de Ave-Maria. Não é à toa que tantos santos e papas exortaram ao povo que rezasse o terço: ele é uma fonte de muitas graças. Hoje, aproveito o trajeto de volta da escola com meus filhos para rezar o terço. Nos dias em que não consigo rezar o Santo Rosário inteiro, mas apenas os cinco mistérios do dia corrente, uso os minutos em que coloco os filhos menores para cochilar a fim de contemplar, por alguns segundos, os mistérios dos outros dias.

Exame de consciência
Ao fim de cada dia, é muito conveniente examinar a própria consciência de maneira objetiva. O que fizemos de bom? O que fizemos de mau? O que podemos nos comprometer a melhorar no dia seguinte? Assim, pedimos perdão pelas nossas faltas, traçamos propósitos de melhora e fomentamos a contrição do coração.

Três Ave-Marias pela pureza, de joelhos

Esta é uma tradição antiga da Igreja. À Rainha da Pureza, pedimos intercessão para que possamos ter o coração e a mente puros. Dedico-me a esse item do plano de vida à noite, antes de dormir.

Persignação com água benta

A água benta é um sacramental. Recorda nosso batismo e, com isso, também nossa vocação à santidade. Antes de dormir, é bastante conveniente que nos persignemos com a água benta.

Você já ouviu falar em "exame particular"?

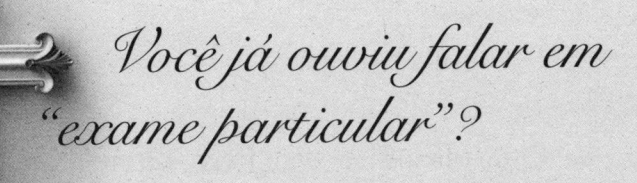

Nós todas temos muitos defeitos. Alguns deles, porém, se sobressaem mais — são nossos defeitos dominantes, aqueles que nos atrapalham mais. Se conseguirmos vencê-los, daremos passos largos em nossas virtudes humanas e sobrenaturais.

Uma forma muito prática e precisa de "atacar" nossos defeitos dominantes consiste no "exame particular". Com ele, escolhemos um ponto concreto de melhora: algo muito prático, palpável. Assim, num momento determinado do dia (gosto de fazê-lo quando vou rezar o Ângelus), nós fazemos uma revisão do dia até então: "Consegui melhorar nesse ponto hoje?" Então, pedimos perdão pela nossa falta e renovamos nosso propósito de melhora.

Um conselho final

Querida amiga: este livro, ou melhor, esta vida interior que este livro quer reavivar, é um pequeno passo. Um passo a ser dado todos os dias, mas na companhia de outros. Afinal, não se anda dando um passo só. E que outros passos são esses? São todas aquelas coisas que compõem a teia de nossos afazeres cotidianos: os trabalhos, por maiores ou menores que sejam; a rotina familiar; a vida social; as realidades do matrimônio; os serviços domésticos; as contrariedades bem vividas; as alegrias; as tristezas e os medos...

    Se vivermos tudo isso na presença do Senhor, se encontrarmos em cada minuto da vida uma oportunidade de amá-lo, um dia poderemos ouvir de sua boca, na entrada do Céu: "Muito bem, serva boa e fiel! Porque foste fiel no pouco, muito te confiarei. Entra na alegria do teu Senhor!"

Não é apenas você quem deseja isso. Deus também o quer. Na verdade, Ele deseja isso mais do que você mesma. Lembre-se sempre dessa verdade.

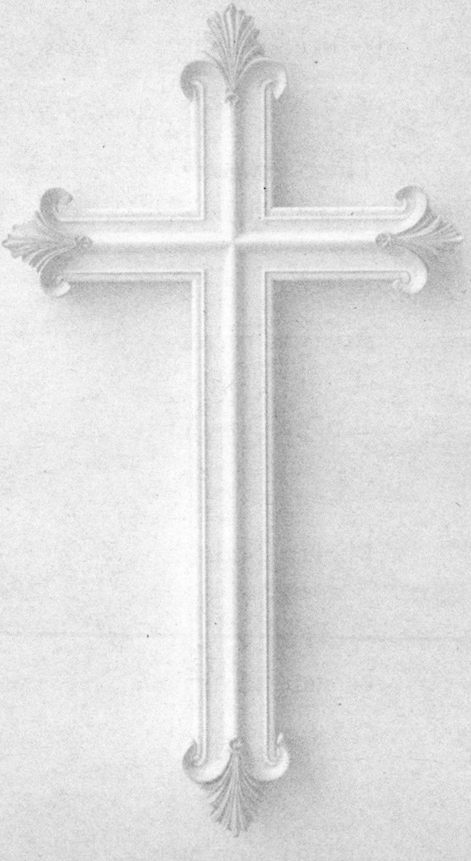

DIREÇÃO EDITORIAL
Daniele Cajueiro

EDITORES RESPONSÁVEIS
Hugo Langone
Luana Luz

PRODUÇÃO EDITORIAL
Adriana Torres
Laiane Flores
Mariana Oliveira

COPIDESQUE
Michele Sudoh

REVISÃO
Fernanda Lutfi

PROJETO GRÁFICO DE CAPA, MIOLO E DIAGRAMAÇÃO
Adriana Moreno

Este livro foi impresso em 2024,
pela Santa Marta, para a Petra.